Impressum

Aschendorff Verlag GmbH & Co. KG
Soester Straße 13
48155 Münster
www.aschendorff-buchverlag.de

Idee, Konzept, Gestaltung:
Lisa Nieschlag + Lars Wentrup
Büro für Gestaltung
Geisbergweg 8
48143 Münster
www.nieschlag-und-wentrup.de

Fotografie:
Julia Holtkötter
www.julophotography.com

Text:
Karen Hüning
www.einfach-gesagt.de

Lektorat:
Alexa Nieschlag

www.anni-kocht.de

2. Auflage
© 2011 Aschendorff Verlag GmbH & Co. KG, Münster

Printed in Germany

ISBN 978-3-402-12884-8

PEFC zertifiziert
Dieses Produkt stammt aus
nachhaltig bewirtschafteten
Wäldern und kontrollierten Quellen.

PEFC/04-31-0810   www.pefc.de

Lisa Nieschlag · Lars Wentrup

Anni kocht
in Münster

mit Fotos von Julia Holtkötter

Aschendorff
Verlag

Mit Liebe gekocht.

Ich heiße Anni, wohne idyllisch vor den Toren Münsters und liebe das Kochen. Das hat Tradition. Denn ich bin mit westfälischen Gerichten aufgewachsen. Nun habe ich sie nach eigenem Gutdünken variiert und verfeinert.

Wer sagt, die westfälische Küche sei eigenwillig, kennt nur einen Teil der Wahrheit. Sie ist nämlich mindestens ebenso vielfältig! Wenn es in der Küche brutzelt und die Düfte den Raum erfüllen – herrlich! Kochen ist einfach meine Leidenschaft.

Ebenso wichtig wie das Kochen selbst ist natürlich der Einkauf der richtigen Zutaten. Dazu schwinge ich mich auf meine Leeze und fahre zum Markt, am liebsten zum Domplatz.

Dicke Bohnen, Stielmus oder Kartoffeln – sie gehören zu den wichtigsten Gemüsesorten der hiesigen Küche. Das Fleisch beziehe ich von den Bauernhöfen der Umgebung. Und einiges an Kräutern und Gemüse finde ich sogar direkt vor meiner Tür, in meinem Küchengarten. Dann kommt das Ganze erntefrisch in den Kochtopf. Mmmh, lecker. Das Beste ist, Sie probieren es einfach selbst.

Viel Spaß beim Genießen auf westfälische Art!

Herzhaftes

Süßes

Markt am Domplatz

Historisches Rathaus

Dicke Bohnen

Dicke Bohnen sind auch als „Pferdebohnen" oder „Saubohnen" bekannt.

4–6 Portionen

900 g dicke Bohnen,
am besten tiefgekühlt
100 g bunter Speck
100 g magerer Speck
1 Zwiebel
4 Stängel frisches Bohnenkraut
3 EL Bärlauchöl

400 g Sahne
1 TL Bärlauchsalz
1 TL Pfeffer

Den Speck und die Zwiebel würfeln. In der Zwischenzeit die Bohnen auftauen. Das Bohnenkraut waschen und klein hacken.

Das Bärlauchöl in einer Pfanne erhitzen und den Speck darin anbraten. Die Zwiebel dazugeben und kurz mitbraten.

Die Bohnen, das Bohnenkraut, das Bärlauchsalz und den Pfeffer in die Pfanne geben und die Sahne dazu gießen. Alles 20 Minuten kochen lassen und dabei oft umrühren.

Tiefgekühlte Bohnen eignen sich genauso gut und das aufwändige
Enthülsen der frischen Bohnen kann so umgangen werden!

Suppe aus geröstetem Gemüse

Den Ofen auf 200 Grad vorheizen. Den Blumenkohlkopf in kleine Stücke brechen. Die Rüben schälen und danach vierteln, die Lauchzwiebeln klein schneiden. Die Knoblauchzehen schälen und zerdrücken. Die Kartoffeln schälen und vierteln.

Das Gemüse auf ein mit Backpapier ausgelegtes Blech legen. Mit Olivenöl beträufeln und danach kräftig salzen und pfeffern. Etwa 30 bis 40 Minuten backen, bis sich das Gemüse goldgelb färbt.

Das Gemüse in einen Topf geben und mit der Brühe auffüllen, einmal aufkochen lassen, anschließend pürieren und die Sahne zufügen.

Die Kartoffeln in kleine Stücke würfeln und in einer Pfanne anbraten. Die Suppe mit frischem Thymian und den angebratenen Kartoffelstücken garnieren.

4–6 Portionen

1 Blumenkohlkopf
4 mittlere weiße Rüben
4 Knoblauchzehen
4 Lauchzwiebeln
2 kleine Kartoffeln
2–3 Tl Olivenöl
Salz
Pfeffer
550 ml Gemüsebrühe
125 g Sahne

Zum Garnieren:
Thymian
2 Kartoffeln

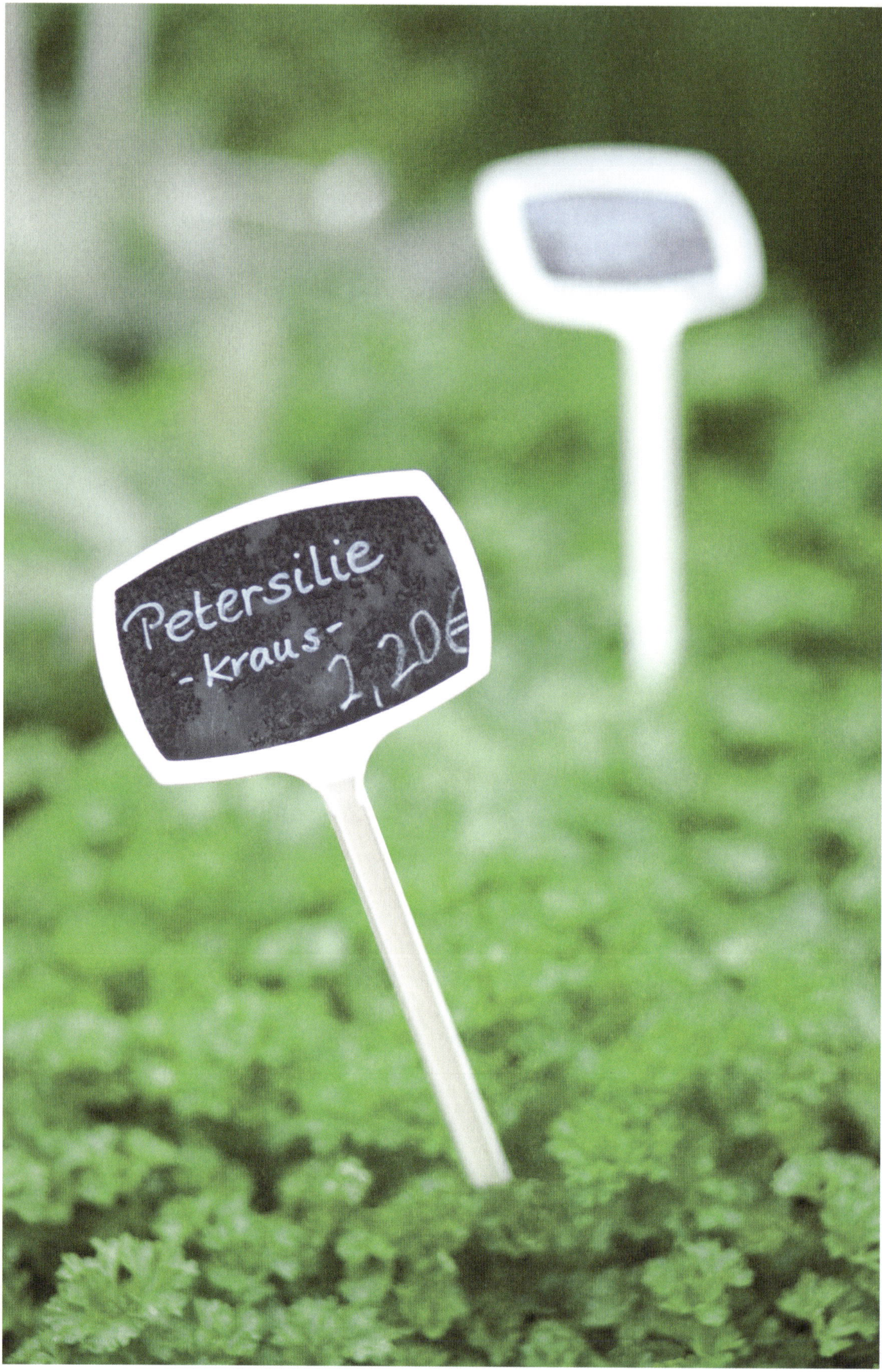
Petersilie
-kraus-
2,20€

Kartoffeln im Blätterteigmantel

Westfalen ist für seine vielfältigen Kartoffelrezepte bekannt – von deftig bis fein. Im 19. Jahrhundert war die Kartoffel das wichtigste Grundnahrungsmittel der westfälischen Bevölkerung.

Die Kartoffeln kochen. Den Speck und die Zwiebeln in feine Würfel schneiden und in Butter anbraten. Die kalten Kartoffeln schälen und grob stampfen. Schnittlauch und Petersilie klein schneiden. Alle Zutaten mischen, 2 Eigelbe, Sahne und Gewürze zugeben.

Den Blätterteig auf einem Backblech ausrollen. Den Kartoffelteig mittig auf den Blätterteig geben und die Teigränder über der Kartoffelmasse zusammenschlagen.

Die Teigrolle mit einem geschlagenem Eigelb bepinseln und im Backofen bei 200 Grad etwa 30 Minuten goldbraun backen.

4 Portionen

300 g Blätterteig in Rollenform aus der Kühlung
50 g Speck
1 Zwiebel
20 g Butter
700 g Pellkartoffeln
200 g Sahne
1/2 Bund Petersilie
1/2 Bund Schnittlauch
Salz
Pfeffer
3 Eigelbe

Möhren-Maronen-Suppe

Die Zwiebeln abziehen und fein würfeln. Kartoffeln und Möhren schälen und in Würfel schneiden. Maronen grob würfeln. Die Rosmarinzweige abspülen.

Butter in einem Topf erhitzen und die Zwiebeln, Kartoffeln, Möhren, Maronen und Rosmarin unter Rühren andünsten. Milch, Brühe und Sahne zugießen und aufkochen. Etwa 20 bis 25 Minuten bei mittlerer Hitze kochen.

Den Topf vom Herd nehmen, Rosmarin entfernen und die Suppe fein pürieren. Noch einmal aufkochen und mit Salz, Pfeffer und etwas Zitronensaft abschmecken.

4 Portionen

2 Zwiebeln
350 g Kartoffeln
350 g Möhren
200 g Maronen (vakuumverpackt)
2 kleine Rosmarinzweige
2–3 El Butter
1/2 l Milch
600 ml Gemüsebrühe
150 g Schlagsahne
Salz
Pfeffer
etwas Zitronensaft

Wenn Sie frische Maronen nehmen, schlitzen Sie die Maronen kreuzweise mit einem Messer ein und geben Sie sie für 25 bis 30 Minuten bei 200 Grad in den Ofen. Danach die Schale entfernen und die Maronen so verwenden, wie oben im Rezept beschrieben.

Schloss

Wirsingauflauf

4 Portionen

1 kg Wirsing
300 g Hackfleisch
1 Brötchen
3 Zwiebeln
1 Ei
Salz
Pfeffer
Kümmel
30 g Butter
250 g saure Sahne

Beim Wirsing den Strunk und die äußeren Blätter entfernen, die inneren Blätter waschen und in Stücke schneiden. Das Brötchen in Wasser einweichen, gut ausdrücken und mit Hackfleisch, einer gewürfelten Zwiebel, Ei, Salz und Pfeffer vermengen.

Die Hälfte der Wirsingstreifen in eine Auflaufform geben. Mit etwas Salz und Kümmel bestreuen. Hackfleisch darauf schichten. Restlichen Wirsing einfüllen und leicht würzen. Die übrigen Zwiebeln würfeln, in Butter andünsten und auf dem Wirsing verteilen. Saure Sahne darauf streichen.

Im Backofen bei 180 Grad 70 Minuten garen.

Spargelsalat mit westfälischem Schinken

Den weißen Spargel ganz schälen. Den grünen Spargel am unteren Drittel dünn schälen. Die holzigen Enden abschneiden.

Die Zwiebel fein würfeln und in 2 Esslöffel heißem Öl andünsten. Die Spargelstücke, bis auf die Köpfe, dazugeben und kurz mitdünsten. Gemüsebrühe dazugießen und alles etwa 3 Minuten kochen lassen. Die Spargelköpfe dazugeben und noch weitere 2 Minuten kochen, bis die Flüssigkeit fast verdampft ist.

Den ausgepressten Saft der Zitrone, restliches Öl, Zucker, Salz und Pfeffer verrühren und über den warmen Spargel geben.

Den Knochenschinken in Stücke schneiden oder reißen, mit dem Salat mischen und lauwarm anrichten.

3 Portionen

500 g weißer Spargel
300 g grüner Spargel
1 kleine Zwiebel
150 ml Gemüsebrühe
4 El Olivenöl
1/2 Zitrone
etwas Zucker
Salz
Pfeffer
100 g westfälischer Knochenschinken

„Giant Pool Balls" (Claes Oldenburg) am Aasee

Promenade

Kartoffelpfann-
kuchen mit Speck

**Dieses typisch westfälische Kartoffelgericht wird auch „Pillekauken" genannt.
Die fertigen Pfannkuchen werden oft mit Rübenkraut bestrichen.**

Die gekochten Kartoffeln pellen und in längliche Streifen schneiden. Die Zwiebeln schälen und würfeln. Den Speck in Streifen schneiden.

Für den Pfannkuchenteig das Mehl mit der Milch verrühren, dann die Eier dazugeben und mit Salz, Pfeffer und geriebenem Muskatnuss würzen.

Etwa 1/4 der Kartoffeln, des Specks und der Zwiebeln in eine Pfanne mit heißem Fett geben und kurz anbraten. Danach etwa 1/4 des Pfannkuchenteiges darüber gießen, stocken lassen und wenden. Den Pfannkuchen goldgelb braten. Den ersten Pfannkuchen herausnehmen und den Rest des Teiges und der Kartoffeln zu drei weiteren Pfannkuchen verarbeiten.

4 Portionen

650 g Pellkartoffeln, am besten am Vortag gekocht
125 g Speck
2 Zwiebeln

Teig:
125 g Mehl
250 ml Milch
4 Eier
Salz
Pfeffer
Muskatnuss

Zucchini-Auflauf

4 Portionen

1 kg Zucchini
3 Eier
100 g geriebener Käse
3 El Mehl
125 g Sahne
1 Knoblauchzehe
Salz
Pfeffer
Muskatnuss

Zum Garnieren:
100 g Speck

Die Zucchini putzen und auf einer Reibe grob raspeln. Die Knoblauchzehe pressen und zu den Zucchini geben.

Alles mit den Eiern, Käse, Mehl und der Sahne verrühren. Salzen, pfeffern und mit geriebener Muskatnuss abschmecken. Den Zucchini-Teig in eine gefettete Form (oder mehrere kleine Formen) geben und im Backofen bei 200 Grad etwa 40 Minuten backen.

Den Speck würfeln, in einer Pfanne knusprig braten und abschließend den Auflauf damit garnieren.

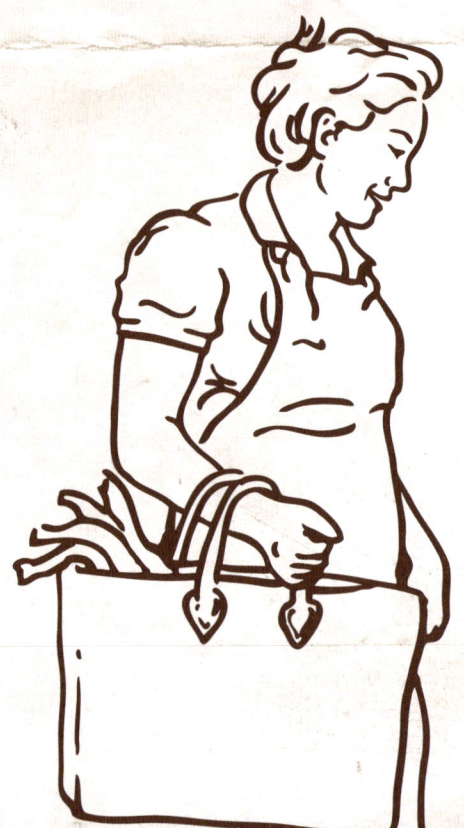

Westfälische Kartoffelsuppe

3–4 Portionen

600 g Kartoffeln
100 g Knollensellerie
1 Stange Lauch
2 Zwiebeln
80 g Speck
600 ml Fleischbrühe
1 Tl Majoran
Muskatnuss
Salz
Pfeffer

Die Zwiebeln und den geputzen Lauch in Ringe schneiden. Beides in einen großen Topf geben und glasig dünsten.

Den Speck in Streifen schneiden und in einer Pfanne knusprig braten. Die Kartoffeln schälen und würfeln. Den Sellerie putzen und ebenfalls in Würfel schneiden. Beides zu den Zwiebeln geben und etwas andünsten. Die Hälfte des knusprigen Specks in den Topf geben. Mit der Brühe ablöschen und etwa 15 Minuten köcheln lassen. Abschließend mit Majoran, Muskatnuss, Salz und Pfeffer würzen.

Unter den Rathausbögen

Kürbis-Kartoffel-Puffer

Die Kartoffeln schälen und waschen. Den Kürbis säubern, von Kernen und Schale befreien. Die Kartoffeln und den Kürbis reiben und zusammen mit den Eiern, dem Mehl und den Haferflocken zu einem Teig verarbeiten. Die Kräuter und das Salz unter den Teig mischen.

Das Öl in der Pfanne erhitzen, den Teig esslöffelweise flach auslegen und von beiden Seiten goldbraun und knusprig braten.

500 g Kartoffeln
500 g Kürbis
2 Eier
50 g Mehl
1 El Haferflocken
2 El Kräuter nach Jahreszeit
(z.B. frische Minze)
1 Prise Salz
Öl zum Ausbacken

Wenn Sie auf das aufwändige Schälen des Kürbisses verzichten wollen, verwenden Sie die Sorte Hokkaido mit essbarer Schale.

Minzige Erbsensuppe

4–5 Portionen

3 Lauchzwiebeln
1 El Butter
400 ml Gemüsebrühe
200 ml trockener Weißwein
1 Bund Minze
250 g Schlagsahne
Salz
Pfeffer
Zucker zum Abschmecken
450 g Erbsen (am besten tiefgekühlt)

Die Lauchzwiebeln putzen, abspülen und in Ringe schneiden. In heißem Fett andünsten. Erbsen, Gemüsebrühe und Weißwein zugeben. Aufkochen und bei kleiner Hitze im geschlossenen Topf 10 Minuten leicht köcheln lassen. Etwa 2 Esslöffel Erbsen aus der Suppe nehmen und beiseite stellen.

Die Minzeblättchen abzupfen, einige für die Garnitur beiseite legen. Restliche Blättchen und die Sahne in die Suppe geben. Alles mit dem Pürierstab oder im Mixer fein pürieren. Die Erbsensuppe wieder erwärmen und mit Salz, Pfeffer und eventuell Zucker abschmecken.

Zum Essen restliche Erbsen und Minzeblättchen in die Suppe geben.

Die Suppe kann man mit frischen Erbsen herstellen,
aber mit Tiefkühlerbsen erzielt man ein ebenso gutes Ergebnis.

Prinzipalmarkt

Westfälisches Stielmus

Als Stielmus werden die Stiele und Blätter von Speiserüben- oder Kohlpflanzen bezeichnet; es ist auch als Rübstiel oder Stängelmus bekannt.

Das Stielmus von den großen, dunklen Blattteilen befreien. Die Stiele und die Blattrippen waschen und alles in etwa 3 cm lange Stücke schneiden. Die Zwiebeln in Butter glasig anbraten. Die Stiele dazugeben und kurz dünsten. Mit Salz, Pfeffer, Muskatnuss, Senf und Zucker würzen.

Die Sahne und den Weißwein zugeben und einmal aufkochen lassen. Das Stielmusgrün dazugeben und eventuell mit Mehlbutter binden.

Die Mettendchen in Stücke schneiden, kurz anbraten und zum Stielmus servieren.

6 Portionen

1 kg frisches Stielmus
2 Zwiebeln
30 g Butter
100 ml saure Sahne
100 ml Weißwein
Salz
Pfeffer
Muskatnuss
Prise Zucker
Senf
evtl. Mehlbutter
2 Mettendchen

Linsensuppe

4–6 Personen

Die Linsen in einem Sieb abspülen und in 2 Liter Wasser zum Kochen bringen.

500 g Linsen
250 g Kartoffeln
5 westfälische Mettendchen
1 Gemüsezwiebel
1 Möhre
1/2 Stange Lauch
etwas Petersilie
2 Lorbeerblätter
Salz
Pfeffer
Essig

Die Mettendchen in Scheiben schneiden und dazu geben. Die Zwiebel und die Möhre schälen und würfeln. Den Lauch in Ringe schneiden und zusammen mit den Lorbeerblättern zu den Linsen geben.

Die Kartoffeln schälen und klein würfeln. Nach 15 Minuten Kochzeit die Kartoffeln in den Topf geben und weitere 10 Minuten kochen lassen. Mit Salz und Pfeffer abschmecken.

Vor dem Servieren die Lorbeerblätter entfernen und nach Geschmack mit Essig würzen.

Spargelkuchen mit Ziegenfrischkäse

4 Portionen

Mürbeteig:
175 g Mehl
85 g Butter
1 Ei
1 Prise Salz
Mehl zum Ausrollen
getrocknete Hülsenfrüchte,
zum Vorbacken

Füllung:
500 g weißer Spargel
3 Prisen Zucker
1 Lauchzwiebel
100 g Ziegenfrischkäse
1 Eigelb
1 Ei
50 g saure Sahne
Salz
Pfeffer

Für den Mürbeteig das Mehl mit der Butter verkneten, das Ei, Salz und einen Spritzer Wasser dazugeben und einen glatten Teig herstellen. Zu einer Kugel formen, in Folie einpacken und 20 Minuten kalt stellen.

In der Zwischenzeit den Spargel schälen, die holzigen Enden abschneiden und in kochendem, gesalzenem Wasser mit 2 Prisen Zucker etwa 10 Minuten garen. Den Spargel abgießen und abtropfen lassen.

Zum Blindbacken den Backofen auf 180 Grad vorheizen. Den Teig ausrollen und in einer Form auslegen. Das Backpapier auf den Teig legen, mit den Hülsenfrüchten bedecken und auf unterster Schiene etwa 20 Minuten backen. Danach die Hülsenfrüchte und das Papier entfernen.

Die Lauchzwiebel säubern, in Ringe schneiden und in die Form geben. Den Spargel darauflegen. Frischkäse, Eigelb, Ei, Sahne, Salz, Pfeffer und einer Prise Zucker verrühren und über den Spargel gießen. Im Backofen etwa 45 Minuten backen, bis die Füllung gestockt ist.

Promenade

Erbdrostenhof

Landbier-Hühnchen

Den Backofen auf 180 Grad vorheizen. Hähnchenschenkel würzen, kross anbraten und aus der Pfanne nehmen. Zwiebeln, Staudensellerie, Möhren und Kartoffeln schälen, würfeln und auf mittlerer Hitze anbraten. Alles langsam dünsten. Mit dem Zucker leicht karamellisieren und mit etwas Landbier ablöschen.

Den Knoblauch fein hacken, zu dem Gemüse geben und die Gemüsemischung mit den Hähnchenschenkeln in eine ofenfeste Form geben. Mit Fleischbrühe auffüllen und mit gezupftem Rosmarin, Pfeffer und Salz würzen.

Im Ofen 20 Minuten schmoren. Zwischendurch mit dem restlichen Landbier auffüllen. Schenkel und Gemüse herausheben, warmstellen, Soße nach Bedarf einkochen.

4 Portionen

4 Hähnchenschenkel
1 Flasche Landbier (0,3 l)
2 Zwiebeln
100 g Staudensellerie
200 g Möhren
4 mittelgroße Kartoffeln
1 El Zucker
2 Rosmarinzweige
1/2 l Fleischbrühe
1 Knoblauchzehe
Salz
Pfeffer

Westfälisches Zwiebelfleisch

4 Portionen

800 g Rindfleisch (Tafelspitz)
1 Bund Suppengemüse (Lauch,
Sellerie, Zwiebel, Möhre)
2 Lorbeerblätter
1 ½ l Fleischbrühe
2 Gemüsezwiebeln
1 El mittelscharfer Senf
2 El Butter
1 El Mehl
1 El Zucker
Salz
Pfeffer

Das Fleisch salzen und pfeffern. Dann in einem Bratentopf so lange von allen Seiten anbraten, bis es ordentlich Farbe bekommt. Mit der Brühe ablöschen. Lorbeerblätter und das geputzte und grob zerkleinerte Suppengemüse dazugeben. Das Ganze mindestens 2 Stunden langsam köcheln lassen. Fleisch aus der Brühe nehmen und in Scheiben schneiden. Die Rinderbrühe absieben und das Suppengemüse und die Lorbeerblätter entfernen.

Für die Soße die Zwiebeln schälen, in Streifen schneiden und in Butter glasig dünsten. Senf, Salz und Zucker dazugeben. Die Zwiebeln leicht mit Mehl bestäuben und mit der entstandenen Rinderbrühe, in der das Fleisch gekocht hat, auffüllen. Die Soße etwa 20 Minuten köcheln lassen. Abschmecken und nach Geschmack Zucker nachgeben.

Zum Schluss das Fleisch wieder langsam in der Soße erwärmen und heiß servieren.

Diözesanbibliothek und Überwasserkirche

Schweinebraten mit Zwetschgen

Den Backofen auf 180 Grad vorheizen. Die Bratenschwarte rautenförmig einschneiden und mit 1,5 Liter kochendem Wasser übergießen. Dann trocken tupfen und salzen. Den Braten mit der Schwarte nach oben in einen Bräter legen.

Brühe und etwas Salz mischen und 2/3 in den Bräter gießen. Den Bräter für insgesamt 3 Stunden in den Ofen stellen.

Zwetschgen putzen. Honig und Nelkenpulver verrühren. 10 bis 15 Minuten vor Garzeitende die Schulter mit der Honigmischung bepinseln. Zwetschgen im Bräter verteilen und zu Ende garen.

4 Portionen

1 Schweinebraten mit Schwarte (ca. 1 kg)
300 ml Geflügelbrühe
2 El Zucker
40 g Butter
500 g Zwetschgen
1 El Honig
1 Tl Nelkenpulver
Salz

Das wahre Geheimnis der knusprigen Kruste ist das Einschneiden der Schwarte. Am besten macht das der Metzger. Wenn nicht, nimmt man idealerweise ein Teppichmesser.

Gegrillte Heringe

Als grüne Heringe werden frische, also nicht eingelegte Heringe bezeichnet. Der Name bezieht sich nicht auf ihre Farbe. Grün hat hier die Bedeutung von „frisch", um den Unterschied zu den konservierten Salzheringen zu betonen.

6 Portionen

6 frische grüne Heringe, ohne Kopf
2 Rosmarinzweige
1 Zitrone
1 getrocknete Chilischote
3 EL grobes Meersalz
3 EL Olivenöl

Die Nadeln von den Rosmarinzweigen zupfen und grob hacken. Die Schale der Zitrone abreiben und den Saft auspressen. Die Chilischote kleinhacken. Alles mischen und Meersalz dazugeben.

Die Heringe auf jeder Seite zweimal vom Rücken bis zum Bauch schräg einschneiden. 1 Esslöffel Zitronensaft mit Olivenöl mischen und die Fische darin wenden.

Die Heringe auf einem Grill bei mittlerer Hitze von jeder Seite 10 Minuten grillen, bis die Heringe knusprig sind. Währenddessen die Heringe mit der Gewürzsalz-Mischung bestreuen.

Lambertikirche

Kassler mit Birnen-Gemüse

Die Kartoffeln und Möhren schälen und in Scheiben schneiden. Den Speck würfeln, in einem großen Topf anbraten, herausnehmen und beiseite stellen. Zwiebeln würfeln und glasig dünsten, Möhren- und Kartoffelscheiben zugeben und unter Rühren kurz andünsten. Brühe zugießen, aufkochen und danach zugedeckt etwa 25 Minuten garen lassen. Birnen schälen, in Spalten schneiden und nach 15 Minuten zugeben und mitgaren.

In der Zwischenzeit die Kasslerscheiben in einer Pfanne von beiden Seiten anbraten. Das Birnen-Gemüse mit Salz und Pfeffer abschmecken und mit den Kasslerscheiben servieren.

Mit Schnittlauch und Speckwürfeln garnieren.

4 Portionen

500 g Kartoffeln
500 g Möhren
75 g Speck
2 mittelgroße Zwiebeln
1/2 l Gemüsebrühe
4 Scheiben Kassler
Pfeffer
Salz
3 mittelgroße Birnen
etwas Schnittlauch

Hasenrücken mit Wacholdersoße

2–3 Portionen

1 Hasenrücken (etwa 800 g)
5 Wacholderbeeren
Salz
Pfeffer
1 El Wacholderschnaps
60 g Speck in Scheiben
125 ml trockener Weißwein
200 g Sahne
1 Stück Butter

Den Hasenrücken mit einem Tuch abreiben und, wenn nötig, häuten. Die Wacholderbeeren im Mörser zerstoßen und mit Salz, Pfeffer und dem Schnaps vermischen. Den Rücken mit der Paste einreiben.

Den Backofen auf 200 Grad vorheizen. Einige Speckscheiben in einen Bräter legen und den Rücken darauf legen. Das Fleisch mit den restlichen Speckscheiben bedecken und offen im Backofen etwa 25 Minuten braten. Die Butter zerlassen und über den Rücken gießen.

Den Rücken warm stellen. Den Bratensatz mit dem Wein lösen, entfetten, durch ein Sieb in einen Topf gießen und mit der Sahne verrühren. Bei starker Hitze auf die Hälfte einkochen und mit Salz und Pfeffer abschmecken.

Den Rücken vom Knochen lösen, in Scheiben schneiden und mit der Soße begießen.

Alternativ zum Wacholderschnaps kann auch Gin verwendet werden, da Gin ebenfalls aus Wacholderbeeren hergestellt wird.

Schweine-geschnetzeltes mit Äpfeln

Zwiebeln würfeln und in Butter anbraten. Die Zwiebeln aus der Pfanne nehmen und beiseite stellen. Das Geschnetzelte hinzufügen und anbraten. Einen Apfel schälen, würfeln und zum Fleisch geben. Die Zwiebeln wieder in die Pfanne geben und etwas klein gehackten Kerbel hinzufügen.

Mit 3/4 Liter Gemüsebrühe ablöschen und etwa 1 Stunde schmoren. Salzen und Pfeffern. Zum Schluss den zweiten Apfel schälen, würfeln, zum Geschnetzelten geben und weitere 10 Minuten köcheln. Danach die Sahne hineingeben und abschmecken.

Das Geschnetzelte mit frischem Kerbel garnieren.

3–4 Portionen

500 g Schweinegeschnetzeltes
4 Zwiebeln
2 große Äpfel
3/4 l Gemüsebrühe
150 g Sahne
Salz
Pfeffer
Kerbel

Fasan in Wirsing

4 Portionen

1 Fasan (etwa 1 kg)
750 g Wirsing
1 große Zwiebel
Salz
Pfeffer
etwas Butter
125 g Speck
1/2 l Geflügelbrühe

Den Fasan in etwas Butter von allen Seiten anbraten.
Den Wirsing putzen und 10 Minuten in kochendem Wasser
vorgaren, in kaltem Wasser abschrecken und abtropfen lassen.

Zwiebel würfeln und in einem großen feuerfesten Topf (mit
Deckel) in etwas Butter glasig werden lassen. Die Hälfte
der Zwiebeln herausnehmen und beiseite stellen. Die Hälfte
des blanchierten Wirsings im Topf ausbreiten und den Fasan
darauf legen. Den Speck in Scheiben schneiden und den
Fasan damit bedecken. Restlichen Wirsing und Zwiebeln darü-
berschichten. Mit Salz und Pfeffer würzen. Darüber die Brühe
gießen und mit geschlossenem Deckel im Backofen bei
150 Grad etwa 2 1/2 Stunden garen lassen, bis der Fasan weich
ist. Zwischendurch ab und zu mit dem Bratensud begießen.
Den Sud abgießen, einkochen und, wenn gewünscht, etwas
andicken.

Den Wirsing auf einer Platte anrichten, den Fasan tranchieren
und mit dem eingekochten Sud begießen.

Aasee

Forelle Müllerin mit Kressesoße

2 Portionen

2 Bachforellen
(frisch und ausgenommen;
je etwa 350 g)
2 Tl schwarze Pfefferkörner
1 El Öl
Salz

zum Garnieren:
etwas Petersilie
1 Zitrone

Kressesoße:
150 g saure Sahne
150 g Naturjoghurt
Kresse
Salz
Pfeffer

Die Forellen vorsichtig innen und außen abspülen, trocken tupfen und kräftig salzen. In den Bauch je 1 Teelöffel Pfefferkörner geben. Die Forelle in heißem Öl von beiden Seiten insgesamt 10 Minuten braten. Zum Schluss noch mal auf dem Rücken kurz braten, damit die Forelle auch an der dicksten Stelle gar wird.

Für die Kressesoße die saure Sahne und den Naturjoghurt mischen, mit der Kresse, Salz und Pfeffer abschmecken.

Die Forellen mit etwas Petersilie und der Zitrone garnieren.

Prinzipalmarkt

Herrencreme

Bei einem traditionellen münsterländer Hochzeitsessen gehört die Herrencreme einfach dazu.

8 Portionen

1 l Vollmilch
2 Päckchen Vanille-
puddingpulver
1 Päckchen Vanille-
soßenpulver (zum Kochen)
3 Eier
ca. 6 El Rum (54 % vol.)
4 Riegel Blockschokolade
90 g Zucker
500 g Sahne

Zum Garnieren:
Schokoladenraspeln

Milch, Puddingpulver, Soßenpulver, Zucker und Eier in einen Kochtopf geben und glatt rühren. Unter ständigem Rühren 2 Minuten lang kochen lassen. Die Creme kalt schlagen. Die Blockschokolade in kleine Stücke schneiden und mit der geschlagenen Sahne unter die erkaltete Creme heben. Mit Rum abschmecken. In Gläser füllen und mit Schokoladenraspeln garnieren.

Wahlweise mit frischen
Früchten der Saison garnieren.

Struwen

Dies ist ein typisch westfälisches Karfreitagsgericht.

Die Hefe in der lauwarmen Milch auflösen. 6 Esslöffel Mehl und 2 Esslöffel Zucker dazugeben. Alles etwa 30 Minuten aufgehen lassen. Das Mehl in eine Schüssel sieben und alle Zutaten, einschließlich der aufgegangenen Hefemilch, hinzugeben und zu einem glatten Teig verrühren. Der Teig muss mindestens 1 Stunde gehen.

Das Öl in einer Pfanne erhitzen und Plätzchen mit etwa 8 cm Durchmesser ausbacken.

Mit Puderzucker bestreuen und lauwarm servieren.

4–6 Portionen

500 g Mehl
350 ml Milch
40 g frische Hefe
2 El Zucker
125 g Rosinen
1 Ei
1/2 Tl Salz
Öl zum Ausbacken

St. Paulus-Dom

Grießauflauf mit Kirschen und Mandeln

Für die Zubereitung eignen sich auch eingemachte Kirschen aus dem Glas.

Den Backofen auf 170 Grad vorheizen. Eine große Auflaufform mit Butter fetten und mit etwa 2 Esslöffel Zucker ausstreuen. Kirschen entsteinen. Milch und Butter aufkochen lassen. Unter Rühren den Grieß hinzufügen und nochmals kurz aufkochen. Topf vom Herd nehmen und unter gelegentlichem Umrühren etwa 10 Minuten abkühlen lassen.

Die Eier trennen und das Eiweiß mit 2 Prisen Salz steif schlagen. Danach 40 Gramm Zucker einrieseln lassen und weiter schlagen. Eigelb, Honig und das Mark der Vanilleschote unter den Grieß rühren. Erst ein Drittel, dann den Rest des Eischnees zügig mit einem Löffel unter die Grießmasse heben. Die Grießmasse in die Form füllen und die Kirschen darauf verteilen. Mit den Mandeln bestreuen und etwa 40 Minuten auf mittlerer Schiene backen.

Den Auflauf etwas abkühlen lassen und mit Puderzucker bestreuen.

8 Portionen

40 g Zucker
2 El Zucker für die Form
400 g Kirschen
500 ml Milch
80 g Butter
110 g Hartweizengrieß
3 Eier
Mark einer Vanilleschote
Salz
70 ml Honig
70 g gehackte Mandeln
Puderzucker

Johannisbeerkuchen mit Baiser

ca. 12 Stücke

250 g rote Johannisbeeren
2 Eier
250 g Zucker
1 Tl Vanillezucker
150 g Mehl
1 Tl Backpulver
75 g zerlassene Butter

Baiser:
4 Eiweiß
200 g Zucker

Die Johannisbeeren waschen, trocken tupfen und entrispen. Butter, Zucker und Vanillezucker cremig schlagen. Nach und nach die Eier unterrühren und 2 Minuten auf höchster Stufe zu einem glatten Teig verarbeiten. Mehl und Backpulver mischen und unterrühren. Den Backofen auf 180 Grad vorheizen.

Teig in eine gefettete Springform füllen, Beeren daraufgeben und etwa 50 Minuten backen. Den Kuchen aus dem Ofen nehmen und den Backofen auf 220 Grad schalten.

Die 4 Eiweiß steif schlagen. Den Zucker unter Schlagen einrieseln lassen. Auf dem Kuchen verteilen und erneut 5 bis 10 Minuten backen, bis das Eiweiß sich braun färbt.

Schloss

Pumpernickel-Himbeer-Creme

Pumpernickel ist ein traditionelles westfälisches Vollkornbrot aus Roggenschrot. Der Name soll einer Legende nach auf Soldaten Napoleons zurückgehen, die das westfälische Brot nur für „bon pour Nickel" erklärt hätten – also gerade gut genug für Napoleons Pferd „Nickel"!

4 Portionen

150 g Pumpernickel
150 g dunkle Blockschokolade
4 El Himbeergeist
200 g Sahne
300 g Sahnejoghurt
4 Päckchen Vanillezucker
300 g Himbeeren

Den Pumpernickel zerbröseln. Die Blockschokolade hacken und unter den Pumpernickel mischen. Den Himbeergeist unter die Mischung rühren. Die Sahne schlagen und vorsichtig mit dem Vanillezucker und dem Sahnejoghurt mischen.

Die Hälfte der Himbeeren pürieren und mit etwas Zucker abschmecken.

Schichtweise alles in eine Form füllen und mit den restlichen Himbeeren dekorieren.

Apfelpfannkuchen

Mehl und Milch miteinander vermischen, die Eier dazugeben und zu einem klumpenfreien Teig verrühren. Den Pfannkuchenteig mit einer Prise Salz würzen.

Die Äpfel schälen, das Kerngehäuse entfernen und in Scheiben schneiden.

Butter bei mittlerer Hitze in einer beschichteten Pfanne zerlassen und den Teig hinein geben. Die Apfelstücke auf dem Pfannkuchen verteilen und so lange braten, bis der Teig fest wird. Danach wenden und fertig backen. Mit einer Zimt-und-Zucker-Mischung bestreuen.

4 Portionen

4 Eier
450 ml Milch
200 g Mehl
4 Äpfel
1 Prise Salz
1 Stück Butter
Zimt
Zucker

Zwetschgenstreusel

Den Backofen auf 200 Grad vorheizen. Eine große ofenfeste Form (oder zwei kleine Formen) einfetten. Die Zwetschgen waschen, entsteinen, halbieren und in der Form verteilen. 2 Esslöffel Zucker unter das Obst mischen.

Für die Streusel Haferflocken, Mehl, Zucker, Mandeln und Zimt in eine Schüssel geben und mischen. Butter zugeben und das Ganze mit den Fingern oder einem Mixer zu groben Krümeln verarbeiten. Die Streusel über die Zwetschgen-Masse streuen.

Im vorgeheizten Backofen etwa 40 Minuten backen, bis sich die Streusel goldbraun färben und das Obst köchelt.

4–6 Portionen

500 g Zwetschgen
80 g Haferflocken
180 g Weizenmehl
80 g hellbrauner Zucker
2 El Zucker
40 g gemahlene Mandeln
1/2 Tl Zimt
150 g Butter

Die Zwetschgen können auch durch Äpfel oder Blaubeeren ersetzt werden.

Stippmilch mit beschwipsten Früchten

4 Portionen

Früchte:
100 g Brombeeren
2 Päckchen Vanillezucker
2 El Johannisbeerlikör

Stippmilch:
50 g Zucker
250 g Quark
250 g Dickmilch
2 El Vanillezucker
einige Spritzer Zitronensaft

Die Brombeeren waschen, mit Vanillezucker bestreuen und mit Johannisbeerlikör übergießen. Zugedeckt 30 Minuten ziehen lassen.

Für die Stippmilch Quark, Dickmilch, Zucker, Vanillezucker und Zitronensaft zu einer Creme verrühren. Die Stippmilch in Gläser füllen und mit den beschwipsten Brombeeren übergießen.

Bogengänge am Prinzipalmarkt

Gedeckter Apfelkuchen

Das Mehl und die Butter grob vermischen. Das Salzwasser hinzugeben. Die Masse mit den Händen oder einem Mixer zu einem glatten Teig verarbeiten.

Den Backofen auf 180 Grad vorheizen. Den Teig halbieren und die eine Hälfte in einer gefetteten Springform auslegen. Die Äpfel schälen, entkernen, in kleine Stücke schneiden und auf dem Teig verteilen. Anschließend mit Zimt und Zucker bestreuen.

Die zweite Teighälfte ausrollen, über die Äpfel legen und den Rand andrücken. Mit Milch bestreichen und die gehobelten Mandeln darauf streuen. Bei 180 Grad etwa 1 Stunde backen.

Nach dem Backen den Kuchen mit Hagelzucker bestreuen.

ca. 12 Stücke

250 g Mehl
150 g Butter
1/8 l Wasser, mit ein
wenig Salz verrührt
4 Äpfel
Zimt
Zucker
Milch
100 g gehobelte Mandeln
2 TL Hagelzucker

Altbierbowle

Altbier ist eine dunkle, obergärige Biersorte und gehört zu den ältesten Biersorten in Deutschland. Der Name „Alt" bezeichnet ein Bier nach alter, traditioneller Brauart.

250 g Erdbeeren
3 El Zucker
1 l helles Münsterländer Altbier

Die Erdbeeren waschen und die Stielansätze entfernen. Danach vierteln und mit dem Zucker bestreuen. 1 Stunde zugedeckt ziehen lassen. Kurz vor dem Servieren mit dem gut gekühlten Altbier aufgießen.

Je nach Geschmack kann die Bowle auch mit Sekt oder Korn gemischt werden!

Register

Danke

An Julia, ohne die das Kochbuch nie entstanden wäre, an Susan und Ebo für die großzügige Nutzung von Küche, Haus und Hof, an Ela für die tatkräftige Unterstützung beim gesamten Projekt und an Friederike, Michael und Felix für ihr kritisches Auge sowie dafür, dass sie uns den Rücken gestärkt haben.

An Elli für ihren Einsatz beim Kochen und an Anne für die Dicken Bohnen. An Gaby und Karl für das Stielmus in letzter Sekunde und an Brigitte für das Bewahren des Herrencreme-Familienrezepts.

Für alles Schriftliche geht unser Dank an Karen für ihr Anni-Einfühlungs-vermögen und an Alexa für ihr textliches Gespür.